THIS SERMON JOURNAL BELONGS TO:

_____

THIS IS THE DAY THAT THE LORD
HAS MADE; LET US REJOICE AND
BE GLAD IN IT.

Date _____   **Speaker** _____

Topic _____

Scripture References

_____

_____

Notes	Prayer Requests

Further Study	Keywords

Date _____   **Speaker** _____

Topic _____

Scripture References

_____

_____

Notes	Prayer Requests

Further Study

Keywords

Date _____ **Speaker** _____

Topic _____

Scripture References

_____

_____

Notes

Prayer Requests

Keywords

Further Study

Date _____   **Speaker** _____

Topic _____

Scripture References

_____

_____

Notes	Prayer Requests

Further Study

Keywords

Date _____ **Speaker** _____

Topic _____

Scripture References

_____

_____

Notes

Prayer Requests

Keywords

Further Study

Date _____ **Speaker** _____

Topic _____

Scripture References

_____

_____

Notes	Prayer Requests

Keywords

Further Study

Date _____ **Speaker** _____

Topic _____

Scripture References

_____

_____

Notes

Prayer Requests

Keywords

Further Study

Date _____   **Speaker** _____

Topic _____

Scripture References

_____

_____

Notes

Prayer Requests

Keywords

Further Study

Date _____   **Speaker** _____

Topic _____

Scripture References

_____

_____

Notes	Prayer Requests

Further Study

Keywords

Date _____ **Speaker** _____

Topic _____

Scripture References

_____

_____

Notes	Prayer Requests

Further Study

Keywords

Date _____   **Speaker** _____

Topic _____

Scripture References

_____

_____

Notes	Prayer Requests

Further Study	Keywords

Date _____   **Speaker** _____

Topic _____

Scripture References

_____

_____

Notes	Prayer Requests

Further Study	Keywords

Date _____   **Speaker** _____

Topic _____

Scripture References

_____
_____

Notes	Prayer Requests

Further Study

Keywords

Date _____   **Speaker** _____

Topic _____

Scripture References

_____

_____

Notes	Prayer Requests

Further Study	Keywords

Date _____ **Speaker** _____

Topic _____

Scripture References

_____

_____

Notes	Prayer Requests

Further Study

Keywords

Date _____   **Speaker** _____

Topic _____

Scripture References

_____

_____

Notes	Prayer Requests

Further Study

Keywords

Date _____   **Speaker** _____

Topic _____

Scripture References

_____

_____

Notes

Prayer Requests

Keywords

Further Study

Date _____ **Speaker** _____

Topic _____

Scripture References

_____

_____

Notes	Prayer Requests

Further Study

Keywords

Date _____   **Speaker** _____

Topic _____

Scripture References

_____

_____

Notes	Prayer Requests

Further Study

Keywords

Date _____ **Speaker** _____

Topic _____

Scripture References

_____

_____

Notes	Prayer Requests

Further Study	Keywords

Date _____   **Speaker** _____

Topic _____

Scripture References

_____

_____

Notes	Prayer Requests

Further Study

Keywords

Date _____   **Speaker** _____

Topic _____

Scripture References

_____

_____

Notes	Prayer Requests

Further Study

Keywords

Date _____ **Speaker** _____

Topic _____

Scripture References

_____

_____

Notes	Prayer Requests

Further Study	Keywords

Date _____ **Speaker** _____

Topic _____

Scripture References

_____

_____

Notes

Prayer Requests

Keywords

Further Study

Date _____ **Speaker** _____

Topic _____

Scripture References

_____

_____

Notes	Prayer Requests

Further Study

Keywords

Date _____ **Speaker** _____

Topic _____

Scripture References

_____

_____

Notes	Prayer Requests

Keywords

Further Study

Date _____   **Speaker** _____

Topic _____

Scripture References

_____

_____

Notes	Prayer Requests

Further Study

Keywords

Date _____ **Speaker** _____

Topic _____

Scripture References

_____

_____

Notes	Prayer Requests

Further Study	Keywords

Date _____   **Speaker** _____

Topic _____

Scripture References

_____

_____

Notes

Prayer Requests

Keywords

Further Study

Date _____ **Speaker** _____

Topic _____

Scripture References

_____

_____

Notes	Prayer Requests

Further Study

Keywords

Date _____ **Speaker** _____

Topic _____

Scripture References

_____

_____

Notes	Prayer Requests

Further Study	Keywords

Date _____   **Speaker** _____

Topic _____

Scripture References

_____

_____

Notes	Prayer Requests

Further Study

Keywords

Date _____   **Speaker** _____

Topic _____

Scripture References

_____

_____

Notes

Prayer Requests

Keywords

Further Study

Date _____   **Speaker** _____

Topic _____

Scripture References

_____

_____

Notes	Prayer Requests

Further Study	Keywords

Date _____ **Speaker** _____

Topic _____

Scripture References

_____

_____

Notes	Prayer Requests

Further Study

Keywords

Date _____ **Speaker** _____

Topic _____

Scripture References

_____

_____

Notes

Prayer Requests

Keywords

Further Study

Date _____   **Speaker** _____

Topic _____

Scripture References

_____
_____

Notes

Prayer Requests

Keywords

Further Study

Date _____   **Speaker** _____

Topic _____

Scripture References

_____

_____

Notes	Prayer Requests

Keywords

Further Study

Date _____   **Speaker** _____

Topic _____

Scripture References

_____

_____

Notes	Prayer Requests

Keywords

Further Study

Date _____   **Speaker** _____

Topic _____

Scripture References

_____

_____

Notes

Prayer Requests

Keywords

Further Study

Date _____ **Speaker** _____

Topic _____

Scripture References

_____

_____

Notes	Prayer Requests

Keywords

Further Study

Date _____ **Speaker** _____

Topic _____

Scripture References

_____

_____

Notes	Prayer Requests

Keywords

Further Study

Date _____ **Speaker** _____

Topic _____

Scripture References

_____

_____

Notes

Prayer Requests

Keywords

Further Study

Date _____   **Speaker** _____

Topic _____

Scripture References

_____

_____

Notes	Prayer Requests

Further Study

Keywords

Date _____ **Speaker** _____

Topic _____

Scripture References

_____

_____

Notes	Prayer Requests

Keywords

Further Study

Date _____   **Speaker** _____

Topic _____

Scripture References

_____

_____

Notes	Prayer Requests

Keywords

Further Study

Date _____   **Speaker** _____

Topic _____

Scripture References

_____

_____

Notes

Prayer Requests

Keywords

Further Study

Date _____   **Speaker** _____

Topic _____

Scripture References

_____

_____

Notes	Prayer Requests

Further Study

Keywords

Date _____   **Speaker** _____

Topic _____

Scripture References

_____

_____

Notes	Prayer Requests

Further Study

Keywords

Date _____   **Speaker** _____

Topic _____

Scripture References

_____

_____

Notes	Prayer Requests

Keywords

Further Study

Date _____   **Speaker** _____

Topic _____

Scripture References

_____

_____

Notes

Prayer Requests

Keywords

Further Study

Date _____ **Speaker** _____

Topic _____

Scripture References

_____

_____

Notes

Prayer Requests

Keywords

Further Study

Date _____ **Speaker** _____

Topic _____

Scripture References

_____

_____

Notes

Prayer Requests

Keywords

Further Study

Date _____   **Speaker** _____

Topic _____

Scripture References

_____

_____

Notes	Prayer Requests

Further Study

Keywords

Date _____   **Speaker** _____

Topic _____

Scripture References

_____

_____

Notes	Prayer Requests

Keywords

Further Study

Date _____   **Speaker** _____

Topic _____

Scripture References

_____

_____

Notes	Prayer Requests

Further Study

Keywords

Date _____   **Speaker** _____

Topic _____

Scripture References

_____

_____

Notes

Prayer Requests

Keywords

Further Study

Date _____   **Speaker** _____

Topic _____

Scripture References

_____

_____

Notes	Prayer Requests

Keywords

Further Study

Date _____   **Speaker** _____

Topic _____

Scripture References

_____

_____

Notes	Prayer Requests

Further Study	Keywords

Date _____ **Speaker** _____

Topic _____

Scripture References

_____

_____

Notes	Prayer Requests

Keywords

Further Study

Date _____   **Speaker** _____

Topic _____

Scripture References

_____

_____

Notes	Prayer Requests

	Keywords

Further Study

Date _____   **Speaker** _____

Topic _____

Scripture References

_____

_____

Notes	Prayer Requests

Further Study

Keywords

Date _____ **Speaker** _____

Topic _____

Scripture References

_____

_____

Notes	Prayer Requests

Further Study

Keywords

Date _____   **Speaker** _____

Topic _____

Scripture References

_____

_____

Notes

Prayer Requests

Keywords

Further Study

Date _____ **Speaker** _____

Topic _____

Scripture References

_____

_____

Notes

Prayer Requests

Keywords

Further Study

Date _____   **Speaker** _____

Topic _____

Scripture References

_____

_____

Notes	Prayer Requests

	Keywords

Further Study

Date _____ **Speaker** _____

Topic _____

Scripture References

_____

_____

Notes

Prayer Requests

Keywords

Further Study

Date _____   **Speaker** _____

Topic _____

Scripture References

_____

_____

Notes

Prayer Requests

Keywords

Further Study

Date _____   **Speaker** _____

Topic _____

Scripture References

_____

_____

Notes	Prayer Requests

Keywords

Further Study

Date _____   **Speaker** _____

Topic _____

Scripture References

_____

_____

Notes

Prayer Requests

Keywords

Further Study

Date _____   **Speaker** _____

Topic _____

Scripture References

_____

_____

Notes

Prayer Requests

Keywords

Further Study

Date _____   **Speaker** _____

Topic _____

Scripture References

_____

_____

Notes	Prayer Requests

Further Study	Keywords

Date _____   **Speaker** _____

Topic _____

Scripture References

_____

_____

Notes

Prayer Requests

Keywords

Further Study

Date _____ **Speaker** _____

Topic _____

Scripture References

_____

_____

Notes

Prayer Requests

Keywords

Further Study

Date _____   **Speaker** _____

Topic _____

Scripture References

_____

_____

Notes

Prayer Requests

Keywords

Further Study

Date _____   **Speaker** _____

Topic _____

Scripture References

_____

_____

Notes

Prayer Requests

Keywords

Further Study

Date _____   **Speaker** _____

Topic _____

Scripture References

_____

_____

Notes

Prayer Requests

Keywords

Further Study

Date _____   **Speaker** _____

Topic _____

Scripture References

_____

_____

Notes	Prayer Requests

Keywords

Further Study

Date _____   **Speaker** _____

Topic _____

Scripture References

_____

_____

Notes

Prayer Requests

Keywords

Further Study

Date _____   **Speaker** _____

Topic _____

Scripture References

_____

_____

Notes	Prayer Requests

Further Study

Keywords

Date _____   **Speaker** _____

Topic _____

Scripture References

_____

_____

Notes

Prayer Requests

Keywords

Further Study

Date _____   **Speaker** _____

Topic _____

Scripture References

_____

_____

Notes

Prayer Requests

Keywords

Further Study

Date _____   **Speaker** _____

Topic _____

Scripture References

_____

_____

Notes

Prayer Requests

Keywords

Further Study

Date _____ **Speaker** _____

Topic _____

Scripture References

_____

_____

Notes

Prayer Requests

Keywords

Further Study

Date _____   **Speaker** _____

Topic _____

Scripture References

_____

_____

Notes	Prayer Requests

Keywords

Further Study

Date _____   **Speaker** _____

Topic _____

Scripture References

_____

_____

Notes	Prayer Requests

Keywords

Further Study

Date _____   **Speaker** _____

Topic _____

Scripture References

_____

_____

Notes

Prayer Requests

Keywords

Further Study

Date _____ **Speaker** _____

Topic _____

Scripture References

_____

_____

Notes

Prayer Requests

Keywords

Further Study

Date _____ **Speaker** _____

Topic _____

Scripture References

_____

_____

Notes

Prayer Requests

Keywords

Further Study

Date _____ **Speaker** _____

Topic _____

Scripture References

_____

_____

Notes	Prayer Requests

	Keywords

Further Study	

Date _____   **Speaker** _____

Topic _____

Scripture References

_____

_____

Notes

Prayer Requests

Keywords

Further Study

Date _____   **Speaker** _____

Topic _____

Scripture References

_____

_____

Notes

Prayer Requests

Keywords

Further Study

Date _____   **Speaker** _____

Topic _____

Scripture References

_____

_____

Notes

Prayer Requests

Keywords

Further Study

Date _____   **Speaker** _____

Topic _____

Scripture References

_____

_____

Notes	Prayer Requests

Further Study	Keywords

Date _____   **Speaker** _____

Topic _____

Scripture References

_____

_____

Notes	Prayer Requests

Keywords

Further Study

Date _____   **Speaker** _____

Topic _____

Scripture References

_____

_____

Notes	Prayer Requests

Further Study	Keywords

Date _____ **Speaker** _____

Topic _____

Scripture References

_____

_____

Notes	Prayer Requests

Further Study

Keywords

Date _____   **Speaker** _____

Topic _____

Scripture References

_____

_____

Notes

Prayer Requests

Keywords

Further Study

Date _____   **Speaker** _____

Topic _____

Scripture References

_____

_____

Notes	Prayer Requests

Keywords

Further Study

Date _____ **Speaker** _____

Topic _____

Scripture References

_____

_____

Notes	Prayer Requests

Keywords

Further Study

Date _____ **Speaker** _____

Topic _____

Scripture References

_____

_____

Notes

Prayer Requests

Keywords

Further Study

Date _____   **Speaker** _____

Topic _____

Scripture References

_____

_____

Notes

Prayer Requests

Keywords

Further Study

Date _____   **Speaker** _____

Topic _____

Scripture References

_____

_____

Notes

Prayer Requests

Keywords

Further Study

Date _____ **Speaker** _____

Topic _____

Scripture References

_____

_____

Notes

Prayer Requests

Keywords

Further Study

Date _____   **Speaker** _____

Topic _____

Scripture References

_____

_____

Notes	Prayer Requests

Keywords

Further Study

Date _____   **Speaker** _____

Topic _____

Scripture References

_____

_____

Notes

Prayer Requests

Keywords

Further Study

Date _____   **Speaker** _____

Topic _____

Scripture References

_____

_____

Notes

Prayer Requests

Keywords

Further Study

Date _____   **Speaker** _____

Topic _____

Scripture References

_____

_____

Notes

Prayer Requests

Keywords

Further Study

Date _____   **Speaker** _____

Topic _____

Scripture References

_____

_____

Notes

Prayer Requests

Keywords

Further Study

Date _____   **Speaker** _____

Topic _____

Scripture References

_____

_____

Notes	Prayer Requests

Further Study	Keywords

Date _____   **Speaker** _____

Topic _____

Scripture References

_____

_____

Notes

Prayer Requests

Keywords

Further Study

Date _____   **Speaker** _____

Topic _____

Scripture References

_____

_____

Notes

Prayer Requests

Keywords

Further Study

Date _____   **Speaker** _____

Topic _____

Scripture References

_____

_____

Notes

Prayer Requests

Keywords

Further Study

Date _____   **Speaker** _____

Topic _____

Scripture References

_____

_____

Notes	Prayer Requests

Keywords

Further Study

Date _____   **Speaker** _____

Topic _____

Scripture References

_____

_____

Notes

Prayer Requests

Keywords

Further Study

Date _____   **Speaker** _____

Topic _____

Scripture References

_____

_____

Notes

Prayer Requests

Keywords

Further Study

Date _____   **Speaker** _____

Topic _____

Scripture References

_____

_____

Notes

Prayer Requests

Keywords

Further Study

Date _____   **Speaker** _____

Topic _____

Scripture References

_____

_____

Notes	Prayer Requests

Further Study	Keywords

Made in the USA
Coppell, TX
02 November 2021